BEI GRIN MACHT SICH IHR
WISSEN BEZAHLT

- Wir veröffentlichen Ihre Hausarbeit,
  Bachelor- und Masterarbeit

- Ihr eigenes eBook und Buch -
  weltweit in allen wichtigen Shops

- Verdienen Sie an jedem Verkauf

Jetzt bei www.GRIN.com hochladen
und kostenlos publizieren

Bibliografische Information der Deutschen Nationalbibliothek:

Die Deutsche Bibliothek verzeichnet diese Publikation in der Deutschen National-
bibliografie; detaillierte bibliografische Daten sind im Internet über http://dnb.d-
nb.de/ abrufbar.

Dieses Werk sowie alle darin enthaltenen einzelnen Beiträge und Abbildungen
sind urheberrechtlich geschützt. Jede Verwertung, die nicht ausdrücklich vom
Urheberrechtsschutz zugelassen ist, bedarf der vorherigen Zustimmung des Verla-
ges. Das gilt insbesondere für Vervielfältigungen, Bearbeitungen, Übersetzungen,
Mikroverfilmungen, Auswertungen durch Datenbanken und für die Einspeicherung
und Verarbeitung in elektronische Systeme. Alle Rechte, auch die des auszugsweisen
Nachdrucks, der fotomechanischen Wiedergabe (einschließlich Mikrokopie) sowie
der Auswertung durch Datenbanken oder ähnliche Einrichtungen, vorbehalten.

Impressum:

Copyright © 2016 GRIN Verlag
Druck und Bindung: Books on Demand GmbH, Norderstedt Germany
ISBN: 9783668992214

Dieses Buch bei GRIN:

https://www.grin.com/document/491307

Anonym

Aus der Reihe: e-fellows.net stipendiaten-wissen

e-fellows.net (Hrsg.)

Band 3219

Wenn einer eine Reise macht. Exemplarische Hausarbeit und zivilrechtliche Fallbearbeitung mit Fokus auf dem Reise- und Schuldrecht

GRIN Verlag

GRIN - Your knowledge has value

Der GRIN Verlag publiziert seit 1998 wissenschaftliche Arbeiten von Studenten, Hochschullehrern und anderen Akademikern als eBook und gedrucktes Buch. Die Verlagswebsite www.grin.com ist die ideale Plattform zur Veröffentlichung von Hausarbeiten, Abschlussarbeiten, wissenschaftlichen Aufsätzen, Dissertationen und Fachbüchern.

Besuchen Sie uns im Internet:

http://www.grin.com/

http://www.facebook.com/grincom

http://www.twitter.com/grin_com

Florian Mustermann

Schlossallee 1

83209 Prien am Chiemsee

E-Mail: mustermann.florian@provider.com

Matrikelnummer: 12345

Übung zur Methodik der zivilrechtlichen Fallbearbeitung
SS 2016
Übungsleiter:

Hausarbeit

Abgabetermin:

Sachverhalt

Hausarbeit: Wenn einer eine Reise macht, …

Das Leben ist nicht immer einfach. Die letzten Jahre hatte der V hart ge-arbeitet und alles Geld in das neue Familienheim in Passau gesteckt. Aus finanziellen Gründen hatte V mit seiner Familie nicht zuletzt am Urlaub gespart. Anfangs hatten alle zugestimmt, dass es zuhause sowieso am besten sei und dass man gar nicht weit wegfahren müsse, wo man doch so einen schönen Balkon habe. Aber dann hatte es auf Dauer doch nicht so viel Spaß gemacht, die Sonnenliegen mit einem Handtuch zu besetzen, wenn sich darüber niemand sonst als der Bruder ärgerte. Oder die Schwester. Und die täglich neuen Grillversuche des V hatten ihn auch über Jahre nicht zum Kandidaten für die Barbecue-WM werden lassen: Seine Steaks schmeckten, wie sie aussahen, und waren von den Briketts nur schwer zu unterscheiden.

Dieses Jahr hatte V nun die längst überfällige Gehaltserhöhung bekommen, und so sollte es endlich mal wieder einen richtigen Urlaub geben. Geplant war eine Mittelmehrkreuzfahrt mit allem Drum und Dran. Nach langem Wälzen der Prospekte hatte sich V für eine 11tägige Kreuzfahrt im Mittelmehr auf der „Medusa" (betrieben von der Med-Line AG) entschieden. Ausgangspunkt sollte Genua sein. Von dort ging es um den ita-lienischen Stiefel über Venedig bis nach Korfu, wo noch drei Tage Strandurlaub dazukommen sollten. Den Flug von München nach Genua, die Kreuzfahrt und das Hotel auf Korfu hatte V für sich, seine Frau F und seine beiden Kinder Ben (B) und Mia (M) im Reisebüro „Hin und Weg" gebucht. Dabei hatte ihm die Angestellte A des Reisebüros den günstigsten Flug herausgesucht und außerdem das Hotel „Amaxi Hellenikos" auf Korfu besonders empfohlen. Alles zusammen war es auch gar nicht so teuer gewesen, nämlich 2.500,- € (400,- € für die Flüge; 1.600,- € für die Kreuzfahrt; 500,- € für das Hotel), ein wahres Schnäppchen, wie V meinte.

Am 1.8.2015 war es dann endlich soweit. Alle Koffer waren gepackt, die ganze Familie war im Zug nach Freising verstaut, ein Bayernticket für 28,- € gerade noch rechtzeitig am Schalter erstanden und zwei Wochen Sommerfreuden stand nichts mehr im Wege. V schlürfte zufrieden seinen Coffee-to-go, als sich die Regionalbahn in Bewegung setzte. Und er hatte den Kaffee auch gerade erst ausgetrunken, als die Bahn kurz hinter Einöd auf freier Strecke wieder stoppte. Den Grund dafür gab eine Durchsage erst nach einer halben Stunde bekannt: Es handelte sich um eine „technische Störung im Betriebsablauf". Als sich die Bahn auch eine gute Stunde später noch nicht in Bewegung gesetzt hatte, wurde der V unruhig. Zum einen wurde es nun langsam sehr knapp mit dem Flug nach Genua. Und zum anderen machte sich der Kaffee bemerkbar und drückte auf die Blase. Sämtliche Toiletten im Zug waren jedoch ebenfalls aufgrund „techni-scher Störungen" außer Betrieb. V wäre nur zu gern einmal kurz ausgestiegen, um sich zu

II

erleichtern, aber alle Türen waren verschlossen und rührten sich nicht. So wurde das Warten immer mehr zur Qual: Die Sonne brannte, die Blase spannte und die Kinder quengelten. Erst nach drei Stunden wurde der Zug endlich in den nächsten Bahnhof gezogen, wo V und seine Familie dann in einen anderen Zug umsteigen konnten. Als sie dann am Münchener Flughafen schließlich mit vier Stunden Verspätung eintrafen, war ihr Flieger der Gesellschaft Nandu-Airlines allerdings schon vor einer Stunde gen Italien gestartet. „Nur aus Kulanz" nahm die Fluggesellschaft den V und seine Familie gegen Zahlung einer Umbuchungsgebühr von 300,- € auf dem nächsten Flug nach Genua mit, wo sie die „Medusa" gerade noch erreichten.

Auf dem Schiff angekommen und eingerichtet mussten die Aufregungen des Tages erst einmal allen Verwandten und Bekannten mitgeteilt werden. V hatte für alle Mobilfunkverträge der Handys seiner Familie (die Verträge hatte V als echter *pater familias* alle im eigenen Namen abgeschlossen) extra eine Roamingflatrate für Italien und Griechenland bei ihrem Mobilfunkanbieter Ohtu-AG dazugebucht, und so skypten, whats-appten und facebookten alle Familienmitglieder ausgiebig bis in die Mor-genstunden. Dann nämlich erhielt V einen Anruf von einem freundlichen Servicemitarbeiter der Ohtu-AG, der ihn darauf hinwies, dass in der vergangenen Nacht durch die Internetnutzung seiner Familie Kosten in Höhe von 500,- € entstanden seien. Die Smartphones seiner Familie hätten sich nämlich clever nicht in das italienische Netz, sondern in ein besonderes Netz des Kreuzfahrtschiffs eingewählt, für das die von V gebuchte Roamingflatrate nicht gelte. V war dann nicht mehr sehr freundlich zu dem Servicemitarbeiter, sondern brüllte etwas von Skandal und Betrug und Halsabschneiderei und hätte das alles am liebsten auch allen Verwandten und Bekannten so mitgeteilt. Aber die dabei drohenden Kosten hielten ihn dann doch von diesem Vorhaben ab.

Überhaupt blieben die Smartphones in den nächsten Tagen ungenutzt. V und F brutzelten auf dem Sonnendeck vor sich hin, während B und M dort nur ihre Handtücher zum Ärger der englischen Mitreisenden platzierten und im Übrigen das Schiff erkundeten. Dabei stellte sich freilich bald heraus, dass M einen durchaus empfindlichen Magen besaß, der die See nicht vertrug, so dass M ab dem zweiten Tag das Bett hüten und nur noch Wasser und Zwieback zu sich nehmen konnte, während der Rest der Familie sich dreimal täglich am riesigen All-in-clusive Buffet mästete. Freilich musste irgendetwas mit dem Nachtisch am Abend vor der Ankunft in Venedig schlecht gewesen sein. Denn am kommenden Morgen wollten auch F und B ihre Betten nicht verlassen und noch nicht ein-mal Zwieback essen, so übel war ihnen. Nur V hatte nichts von dem Nachtisch (es war Tiramisu, das der Koch mit Eiern zubereitet hatte, die schon vier Wochen alt gewesen waren, weil er der Meinung war, das nichts wegkommen dürfte und es schon immer gutgegangen sei) gegessen und konnte daher als einziger zur Oper nach Verona fahren, wo er für sich, die F und den B schon vor Beginn der Reise über das Internet Karten zu

III

jeweils 50,- € gekauft hatte. Gespielt werden sollte „Nabucco" von Verdi. Aber als V dann in der Arena von Verona saß, konnte er das Stück nicht wiedererkennen. Der Regisseur, ein gewisser Schlangenseif, hatte alle Darsteller als Kaninchen verkleidet, inklusive der entsprechenden Gebisse, so dass die Sänger stark lispelten und Mühe hatten, die Töne zu treffen. Den Freiheitschor jedenfalls sang das Publikum schöner als der Chor, und V war sich nicht sicher, ob die F und der B es in ihren Betten an diesem Abend nicht besser gehabt hätten als er.

Die weitere Kreuzfahrt verlief dann ohne Störungen, aber alle waren froh, als sie die „Medusa" in Korfu endlich verlassen konnten. Die frohe Stimmung hielt jedoch nur, bis sie zu ihrem Hotel kamen. An dem Hotel selbst war zwar nichts auszusetzen. Es lag sogar, wie versprochen, unmittelbar am öffentlich zugänglichen Strand. Nur war der Strand selbst leider für den Geschmack des V und seiner Familie etwas zu zugänglich oder eher: zu zufahrtlich. Denn es handelte sich um einen als Autostrand ausgewiesenen Strandabschnitt, wo jede Menge Jeeps den Sand aufwirbelten und sich Rennen lieferten. An einen Strandurlaub war hier nicht zu denken, und die Familie brachte stattdessen die drei Tage in der Hotellobby mit Doppelkopfspielen über die Runden.

Zurück in Passau stimmten alle Familienmitglieder dem V zu, dass es zu-hause doch wirklich am besten und ein Urlaub in Balkonien gar nicht zu toppen sei. Getrübt wurde die Laune des V nur durch eine Rechnung der Ohtu-AG, die ihn im Briefkasten erwartete. Diese Rechnung enthielt nämlich nicht nur die 500,- € für die Nutzung des mobilen Internets auf dem Schiff, sondern darüber hinaus auch noch weitere 400,- €, die B verursacht haben sollte. Die Freundin N des B hatte nämlich vor kurzem ich-ren Mobilfunkanbieter gewechselt und zwar von der Ohtu-AG zur Sim-joh-GmbH. Die Simjoh-GmbH hatte nicht nur mit günstigeren Konditionen, sondern vor allem mit dem Slogan: „Ein Vertrag, zwei Netze" geworben. Danach würden sich bei Simjoh unter Vertrag stehende Handys automatisch entweder in das Ohtu- oder das Eminus-Netz einwählen, ent-sprechend der jeweils besseren Netzqualität. B hatte einen Mobilfunkvertrag bei der Ohtu-AG und eine Flatrate in das Ohtu-Netz und immer viel mit der N telephoniert. Nach ihrem Wechsel hatte die N ihm gesagt, dass sich für ihn nichts geändert habe. Ihre Nummer habe sie mitgenommen und ihr Handy wähle sich bei ihr zuhause weiterhin immer in das Ohtu-Netz ein (was stimmte), seine Flatrate gelte daher auch weiterhin. B hatte der N wie immer vertraut und weiter Stunden lang mit ihr telephoniert, bis er in den Urlaub gefahren war. Die freundliche Mitarbeiterin der Oh-tu-AG, die V unmittelbar nach Erhalt der Rechnung im Callcenter der Ohtu-AG erreichte, war freilich anderer Ansicht als die N, was die Flatrate des B anging und die Kostenfreiheit seiner Telephonate mit der N. Die Mitarbeiterin klärte den V auf, dass die bei Simjoh unter Vertrag stehenden Handys von der Ohtu-AG als dem Eminus-Netz zugehörig abgerechnet würden. Auch in den AGB der Simjoh stehe ausdrücklich, dass die

IV

Nummern der Simjoh dem Eminus-Netz zugewiesen würden (was zutrifft). Für das Eminus-Netz habe der B aber keine Flatrate gehabt. Die Kosten in Höhe von 400,- € seien dem B somit zu Recht in Rechnung ge-stellt worden.

Aufgabenstellung:

V ist nun endgültig in seinem Glauben an die Menschheit und das Gute in ihr erschüttert. Wo keine Moral mehr ist, da will er nun Recht haben und zwar von Ihnen. Er will möglichst alle verklagen, gegen die er oder seine Familie einen Anspruch (noch besser: mehrere Ansprüche) haben. Und vor allem will er der Ohtu-AG nichts zahlen. Am liebsten würde er sogar so schnell wie möglich aus den Verträgen mit der Ohtu-AG heraus-kommen, die allerdings alle noch 18 Monate laufen. Zudem will er wissen, was ihm maximal an Kosten entstehen könne, wenn er die 900,- € an die Ohtu-AG (auch nach Mahnungen) nicht bezahlte, es dann wohl zum Rechts-streit käme und er in der ersten Instanz verlieren sollte. In den AGB der Ohtu-AG steht u.a. das Folgende:

„Das Vertragsverhältnis kann von beiden Parteien aus wichtigem Grund ohne Einhaltung einer Kündigungsfrist nach den gesetzlichen Bestimmungen gekündigt werden. Sofern die Ohtu-AG das Vertragsverhältnis aus wichtigem Grund, der vom Kunden zu vertreten ist, fristlos kündigt, steht der Ohtu-AG ein Anspruch auf pauschalierten Schadensersatz in Höhe von 75 % der mo-natlichen Grundpreise (insbesondere monatliche Grundgebühren, Flatrate-Preise, Mindestum-sätze) zu, die bis zum nächsten ordentlichen Kündigungstermin zu zahlen gewesen wären, so-fern der Kunde nicht nachweist, dass der tatsächlich entstandene Schaden geringer ist. Der Nachweis eines weitergehenden Schadens bleibt der Ohtu-AG vorbehalten."

Erstellen Sie ein Gutachten für den V, in dem Sie die gewünschten Auskünfte geben.

Hinweise:

Auf Kollisionsrecht ist nicht einzugehen; der Sachverhalt ist ausschließlich nach dem geltenden materiellen deutschen Recht zu beurteilen. Die Regionalbahn wurde von der Deutschen Bahn AG betrieben. Die monatlichen Grundpreise der vier Mobilfunkverträge von V, F, B und M betragen jeweils 20,- €.

Literaturverzeichnis

Aufsätze:

Fessmann, Ingo   Theaterbesuchsvertrag oder wann krieg
                               ich als Zuschauer mein Geld zurück?,
                               in: NJW 1983, S. 1164-1171

Martens, Sebastian   Schadensersatz für entgangene
                               Theaterfreuden?, in: AcP Band 209
                               (2009), S. 445-465

Pohar, Michael   Schadensersatz wegen Informations-
                               Pflichtverletzung bei Zugausfall und
                               Verspätung
                               Zugleich Anmerkung zu LG Essen,
                               NZV 2013, 139, und AG Köln, NZV
                               2003, 345, in: NZV 2004, S. 72-76

Kommentare:

Ascheid, Reiner/   Kündigungsrecht, Großkommentar
Preis, Ulrich/   zum gesamten Recht der Beendigung
Schmidt, Ingrid (Hrsg.)   von Arbeitsverhältnissen, 4. Auflage,
                               München 2012 (zit.: *Bearbeiter*, in:
                               Kündigungsrecht)

Führich, Ernst   Reiserecht, Handbuch und Kommentar,
                               7. Auflage, München 2015

Geppert, Martin/   Beck'scher TKG Kommentar, 4. Auf-
Schütz, Raimund (Hrsg.)   lage, München 2013 (zit.: *Bearbeiter*,
                               in: Beck'scher TKG Kommentar)

Münchner Kommentar   zum Bürgerlichen Gesetzbuch, Band 4
                               Schuldrecht Besonderer Teil II
                               (§§ 535-630) und Band 5 Schuldrecht
                               Besonderer Teil III (§§ 630a-704),
                               6. Auflage, München 2012 (zit.: *Bear-
                               beiter*, in: MüKo-BGB)

Münchner Kommentar   zum Bürgerlichen Gesetzbuch, Band 2
                               Schuldrecht Allgemeiner Teil (§§ 241-
                               432), 7. Auflage, München 2016 (zit.:
                               Bearbeiter, in: MüKo-BGB)

Palandt, Otto (Begr.)   Bürgerliches Gesetzbuch, Kommentar,
                               73. Auflage, München 2014 (zit.: *Bear-
                               beiter*, in: Palandt)

Palandt, Otto (Begr.)	Bürgerliches Gesetzbuch, Kommentar, 75. Auflage, München 2016 (zit.: *Bearbeiter,* in: Palandt)

Lehrbücher:

Brox, Hans/ *Walker, Wolf-Dietrich*	Allgemeines Schuldrecht, 37. Auflage, München 2013
Brox, Hans/ *Walker, Wolf-Dietrich*	Allgemeines Schuldrecht, 38. Auflage, München 2014
Brox, Hans/ *Walker, Wolf-Dietrich*	Besonderes Schuldrecht, 39. Auflage, München 2015
Führich, Ernst	Basiswissen Reiserecht, 3. Auflage, München 2015
Rengier, Rudolf	Strafrecht Besonderer Teil II, Straftaten gegen die Person und die Allgemeinheit, 15. Auflage, München 2014

Gebraucht werden die üblichen Abkürzungen, vgl. *Kirchner, Hildebert*: Abkürzungsverzeichnis der Rechtssprache, 7. Auflage, Berlin/Boston 2013

Gliederung

Gutachten:

A. Ansprüche des V gegen die Deutsche Bahn AG

I. Ansprüche des V gegen die Deutsche Bahn AG auf Zahlung der Umbuchungsgebühr i. H. v. 300 €

1. Anspruch aus §§ 634 Nr. 4, 280 I BGB aus werkvertraglichem Gewährleistungsrecht

Zunächst müsste ein Werkvertrag vorliegen. Dieser zwischen der Bahn und dem Reisenden geschlossene Beförderungsvertrag ist als Werkvertrag nach den §§ 631 ff. BGB einzuordnen.[1] Der Vertragsabschluss richtet sich nach den §§ 145 ff. BGB.[2] Das Angebot geht vom Reisenden aus, die Annahme der Bahn erfolgt durch die Ausgabe des Fahrscheins, z. B. am Schalter.[3] Vorliegend hat V das Bayernticket am Schalter erhalten, ein Werkvertrag wurde geschlossen. Damit ein Anspruch aus Werkvertragsrecht jedoch in Betracht kommt, müsste V das Werk bereits abgenommen haben. Dies begründet sich damit, dass Schäden, die vor der Abnahme i. S. v. § 640 BGB und somit vor dem Gefahrenübergang, der gem. § 644 I 1 BGB im Zeitpunkt der Abnahme geschieht, nach allgemeinem Leistungsstörungsrecht und nicht nach besonderem Leistungsstörungsrecht behandelt werden. Unter Abnahme versteht man die körperliche Entgegennahme des Werks.[4] Diese ist im vorliegenden Fall jedoch ausgeschlossen, da man die Ankunft am Flughafen München, also den aus dem Werkvertrag geschuldeten Erfolg, nicht körperlich entgegennehmen kann. In solchen Fällen erfolgt die Abnahme nach Vollendung des Werks, also nach Erbringung aller wesentlicher vertraglich geschuldeten Leistungen.[5] Das Werk ist erst bei Ankunft am Flughafen vollendet, erst dann ist die geschuldete Leistung der Bahn, den Reisenden zu seinem Zielort zu bringen, vollbracht. Da das schädigende Ereignis schon vor Abnahme, nämlich kurz hinter Einöd/Passau passiert, sind eventuelle Ansprüche des V sind nach allgemeinem Leistungsstörungsrecht zu beurteilen.

2. Anspruch aus §§ 280 I, II, 286 BGB wegen Nichtleistung

Damit ein Anspruch aus §§ 280 I, II, 286 BGB gegeben sein könnte, müssten gem. § 280 II BGB die Voraussetzungen des § 286 BGB vorliegen. Gem. § 286 I BGB kommt der Gläubiger in Verzug, wenn er auf eine Mahnung des Schuldners, die nach dem Eintritt der Fälligkeit erfolgt, nicht leistet. Problematisch erscheint hier, ob überhaupt eine Nichtleistung der Bahn vorliegt, denn sie hat V zum Zielort gebracht, mithin vollständig geleistet, nur geschah dies

---

[1] *Führich,* Reiserecht, Handbuch und Kommentar, 7. Auflage, § 42 Rn. 1.
[2] *Führich,* Reiserecht, Handbuch und Kommentar, 7. Auflage, § 42 Rn. 10.
[3] *Führich,* Reiserecht, Handbuch und Kommentar, 7. Auflage, § 42 Rn. 10.
[4] *Sprau,* in: Palandt, BGB, 73. Auflage, § 640 Rn. 3.
[5] *Sprau,* in: Palandt, BGB, 73. Auflage, § 640 Rn. 3.

verspätet. Für eine Nichtleistung und somit eine Anwendung des Verzugsrechts könnte sprechen, dass eine Schlechterfüllung mit einer zeitlichen Verzögerung der mangelfreien, vertragsgemäßen Erfüllung gleichzusetzen ist.[6] Die Ansicht, die eine Schlechtleistung in die Verzugshaftung miteingliedern will, weil es sich um eine Verzögerung der ordnungsgemäßen Leistung handelt, ist nicht überzeugend.[7] Sie würde nämlich zu unbilligen Ergebnissen führen, weil der Verkäufer z. B. bei einem vereinbarten Leistungstermin nach § 286 II Nr. 1 oder 2 BGB bei einer pünktlichen Leistung sofort in Verzug geraten würde, wenn diese einem Sachmangel unterliegt.[8] Kennt der Verkäufer den Sachmangel nicht, würde er sich in Verzug befinden, ohne davon zu wissen. Dies widerspricht dem Ineinandergreifen von Verzug kraft Mahnung und Verzug kraft Terminbestimmung, weil die Terminbestimmung die Mahnung entbehrlich macht, denn der Schuldner weiß von selbst, dass und wann genau er in Verzug sein wird.[9] Es erscheint daher vorzugswürdig, dass eine Haftung der Bahn direkt wegen der Schlechtleistung besteht, wenn die Voraussetzungen des § 280 I BGB vorliegen.[10] Der Anspruch aus §§ 280 I, II, 286 BGB scheitert mangels Nichtleistung.

3. Anspruch aus § 280 I BGB wegen Schlechtleistung

Gem. § 280 I BGB müsste der Schuldner eine Pflicht aus dem Schuldverhältnis verletzen, die er zu vertreten hat und wodurch dem Gläubiger ein Schaden entsteht. Ein Schuldverhältnis zwischen V und der Bahn in Form eines Werkvertrags besteht, s. oben. Weiter müsste die Bahn eine Pflicht aus dem Werkvertrag verletzt haben. Eine vertragliche Hauptpflicht der Bahn ist es, den Reisenden pünktlich an sein Fahrziel zu bringen.[11] Eine Verspätung liegt vor, wenn die Bahn den Fahrgast nicht zu der fahrplanmäßig vorgesehenen Zeit an den vertraglich vereinbarten Zielort bringt.[12] Die Bahn brachte V erst mit 4 Stunden Verspätung an sein Reiseziel, mithin nicht pünktlich. Eine Pflichtverletzung liegt vor. Diese Pflichtverletzung müsste die Bahn zu vertreten haben. Aus dem Wortlaut von § 280 I 2 BGB „es sei denn" geht hervor, dass das Vertretenmüssen vermutet wird. Die Beweislast liegt also bei der Bahn. Ursache für die Verspätung war eine technische Störung im Betriebsablauf. Mangels anderer Angaben ist das Vertretenmüssen der Bahn zu vermuten. Schließlich müsste V einen Schaden davongetragen haben. Ein Schaden ist jede unfreiwillige Vermögenseinbuße.[13] Durch die Verspätung des Zugs verpassten V und seine Familie den Flieger, wodurch V eine Umbuchungsgebühr i. H. v. 300 € für

[6] *Ernst,* in: MüKo-BGB, 7. Auflage, § 280 Rn. 58.
[7] *Ernst,* in: MüKo-BGB, 7. Auflage, § 280 Rn. 58.
[8] *Ernst,* in: MüKo-BGB, 7. Auflage, § 280 Rn. 59.
[9] *Ernst,* in: MüKo-BGB, 7. Auflage, § 280 Rn. 59.
[10] *Ernst,* in: MüKo-BGB, 7. Auflage, § 280 Rn. 60.
[11] *Führich,* Reiserecht, Handbuch und Kommentar, 7. Auflage, § 42 Rn. 12.
[12] *Führich,* Reiserecht, Handbuch und Kommentar, 7. Auflage, § 42 Rn. 36.
[13] *Brox/Walker,* Allgemeines Schuldrecht, 38. Auflage, § 29 Rn. 1, 2.

einen neuen Flug bezahlen müsste. Ein Schaden ist gegeben. Die Voraussetzungen von § 280 I BGB liegen deshalb vor. Der Anspruch könnte jedoch ausgeschlossen sein. § 17 EVO regelt, wie Verspätungen im Personennahverkehr wie hier zu handhaben sind. Die Vorschrift ist dabei als abschließende Spezialvorschrift anzusehen, weswegen andere vertragliche Ansprüche wie vorliegend der des § 280 I BGB ausgeschlossen sind.

4. Anspruch aus §§ 280 I, 241 II BGB wegen Verletzung der Informationspflicht

Damit ein Anspruch des V aus §§ 280 I, 241 II BGB besteht, müsste der Schuldner wiederrum eine Pflicht aus dem Schuldverhältnis verletzt haben, die er zu vertreten hat und woraus dem Gläubiger ein Schaden entstanden ist. Ein Schuldverhältnis liegt mit dem geschlossenen Werkvertrag vor, s. oben. Weiter müsste eine Pflichtverletzung der Bahn in Form einer Nebenpflichtverletzung nach § 241 II BGB gegeben sein. Vorliegend könnte sich die Nebenpflichtverletzung aus Art. 8 II der Verordnung (EG) Nr. 1371/2007 (im Folgenden: VO) ergeben. Art. 8 II VO bestimmt nämlich, dass dem Reisenden von der Bahn während der Fahrt Informationen über Verspätungen mitzuteilen sind. Die Bahn gab die Information über die Verspätung erst 30 Minuten, nachdem der Zug auf freier Strecke stehen blieb, bekannt. Fraglich ist, ob dies noch ausreichend ist. „Je größer das objektiv erkennbare Bedürfnis des Fahrgastes nach Information ist, desto eher muss die Bahn über kurzfristige Abweichungen vom Fahrplan informieren."[14] Während geringfügige Verspätungen keine Informationspflicht auslösen, besteht diese, wenn die Störung so groß ist, dass wichtige Anschlüsse verpasst werden könnten und der Fahrgast besser beraten wäre auf andere Verkehrsmittel umzusteigen.[15] Dies kann schon bei einer Verspätung von wenigen Minuten der Fall sein. Bei Zügen, die einen Flughafen anfahren, besteht immer ein erhöhtes Bedürfnis nach einem pünktlichen Ablauf und nach Informationen, wenn der Fahrplan nicht eingehalten werden kann.[16] Hier hatte der Zug den Flughafen als Ziel, aufgrund dessen hatte V ein erhöhtes Bedürfnis nach einer Information über die Verspätung des Zuges. Bei einer Durchsage nach erst 30 Minuten besteht durchaus die Gefahr, dass Bahnreisende aufgrund der so spät erhaltenen Information ihren Anschlussflug verpassen. Die Bahn hat die sich aus § 241 II ergebende Aufklärungspflicht verletzt. Eine Nebenpflichtverletzung liegt mithin vor. Die Bahn hat diese Nebenpflichtverletzung gem. § 280 I 2 BGB auch mangels anderer Hinweise im Sachverhalt zu vertreten. Wie oben bereits erörtert, entstand dem V ein Schaden von 300 €. Dieser Schaden müsste aber gerade aufgrund dessen entstanden sein, dass die Bahn zu spät über die Verspätung informierte. Nach der sog. Äquivalenztheorie ist jede Bedingung kausal, die nicht hinweggedacht werden kann, ohne dass der Erfolg in seiner

---

[14] *Pohar,* NZV 2005, 74.
[15] *Pohar,* NZV 2005, 74.
[16] *Pohar,* NZV 2005, 74.

konkreten Gestalt entfällt.[17] Auf den Streitfall übertragen bedeutet das, dass eine hypothetische, pflichtgemäße Information der Reisenden 30 Minuten vor der tatsächlichen Durchsage dazu führen müsste, dass V den Flieger noch erreicht hätte. Vorliegend ist eine Ursächlichkeit der verspäteten Information für den verpassten Flug zu verneinen. Dabei kann es dahinstehen, ob V noch die Möglichkeit hatte ggf. auf andere Verkehrsmittel umzusteigen, um den Flug nun doch noch zu erreichen. Denn selbst wenn diese Möglichkeit bestand, wurde es erst 1 Stunde nachdem der Zug aufgrund der Störung zum Stehen gekommen war, knapp das Flugzeug noch zu erreichen. Dies bedeutet, dass V nach der verspäteten Durchsage 30 Minuten Zeit gehabt hätte etwas zu unternehmen, ohne dass es zeitlich eng geworden wäre. Daher ist die verspätete Information nicht kausal für den Schaden. Darüber hinaus wäre der Anspruch wiederrum ausgeschlossen, da § 17 EVO als abschließende Spezialvorschrift vorgeht, s. oben.

5. Anspruch aus § 823 I BGB

Zunächst müsste eine Rechtsgutverletzung vorliegen, d. h. ein in § 823 I BGB geschütztes Rechtsgut müsste verletzt sein. Vorliegend kommt die Verletzung des Eigentums als absolutes Rechtsgut in Betracht. Eine Verletzung des Eigentums liegt jedoch nur vor, wenn jemand den Eigentümer in seiner durch § 903 BGB eingeräumten Befugnis stört.[18] Das Vermögen als solches wird also gerade nicht geschützt. Auch ist das Vermögen kein sonstiges Recht i. S. v. § 823 I BGB.[19] Ein Anspruch aus § 823 I BGB scheitert daher mangels Rechtsgutverletzung.

II. Ansprüche des V gegen die Deutsche Bahn wegen der defekten Toiletten

1. Anspruch aus §§ 280 I, 241 II i. V. m. § 253 II BGB auf Zahlung von Schmerzensgeld

Damit ein derartiger Anspruch in Betracht kommt, müsste ein Schuldverhältnis, eine Pflichtverletzung der Bahn, die diese zu vertreten hat und ein sich daraus ergebender immaterieller Schaden vorliegen. Ein Schuldverhältnis liegt vor, s. oben. Weil über funktionierende Toiletten vertraglich nichts vereinbart wurde und dazu auch keine gesetzlichen Regelungen existieren, kommt allenfalls die Verletzung einer Nebenpflicht in Betracht.[20] Schutzpflichten i. S. v. § 241 II bestehen insofern, dass bei Abwicklung des Schuldverhältnisses der Körper des anderen Teils nicht verletzt wird.[21] Das Vorliegen einer Nebenpflichtverletzung ist anhand einer Interessensabwägung festzustellen bei der die Gefährdung der Rechtsgüter mit dem Risikobeseitigungsaufwand der anderen Partei, die Kalkulierbarkeit der auferlegten Pflicht und die

---

[17] *Brox/Walker*, Allgemeines Schuldrecht, 38. Auflage, § 30 Rn. 2.
[18] *Brox/Walker*, Besonderes Schuldrecht, 39. Auflage, § 45 Rn. 5.
[19] *Sprau*, in: Palandt, Bürgerliches Gesetzbuch, 73. Auflage, § 823 Rn. 11.
[20] *LG Trier* Urteil v. 19.2.2016 – 1 S 131/15.
[21] *LG Trier* Urteil v. 19.2.2016 – 1 S 131/15.

Eigenverantwortung zu berücksichtigen sind.[22] Der Sachverhalt sagt nur, die Toilette sei wegen technischer Störungen defekt. Technische Störungen lassen sich bei öffentlichen Toiletten nicht immer verhindern und sind für die Bahn nur schwerlich zu kalkulieren. Das Risiko defekter Toiletten völlig auszuschließen, wäre mit einem unverhältnismäßig hohen Aufwand der Bahn verbunden. Die Ermittlung einer Pflichtverletzung erscheint schwierig, könnte aber dahinstehen, wenn der Anspruch sowieso scheitert, da die Voraussetzungen von § 253 II BGB nicht vorliegen. § 253 II BGB ersetzt immaterielle Schäden, die durch eine Gesundheitsverletzung entstehen. Diese ist in jedem Hervorrufen oder Steigern eines von den normalen körperlichen Funktionen nachteilig abweichendem Zustand zu sehen, unabhängig davon ob Schmerzen entstehen.[23] Der zweistündige Harndrang des V war zwar unangenehm, stellt jedoch nur eine kurzfristige und geringfügige Gesundheitsbeeinträchtigung dar. Dafür spricht auch, dass sich die Blase nicht selbstständig entleert hat und V keinen bleibenden Schaden davontragen wird. Aufgrund des in § 253 II BGB verankerten Billigkeitsgrundsatzes kann ein Anspruch auf Schmerzensgeld vollständig entfallen, wenn das Wohlbefinden des Verletzten nur kurzfristig und unerheblich beeinträchtigt wurde.[24] Der Anspruch des V auf Zahlung von Schmerzensgeld muss daher entfallen.

2. Anspruch aus § 823 II BGB i. V. m. § 229 StGB auf Schadensersatz

§ 229 StGB stellt ein Schutzgesetz i. S. v. § 823 II BGB dar. Dieses müsste verletzt sein. Dafür müsste eine Körperverletzung in Form einer Gesundheitsschädigung vorliegen. Eine Gesundheitsschädigung ist das Hervorrufen oder Steigern eines pathologischen Zustands.[25] Jedoch ist Harndrang derart unerheblich (s. o.), dass dadurch kein krankhafter Zustand hervorgerufen wird. Daher liegt keine Körperverletzung vor, weswegen der Anspruch ausscheidet.

3. Anspruch aus § 823 I i. V. m. § 253 II BGB auf Zahlung von Schmerzensgeld

Die Gesundheit, ein von § 823 I BGB absolut geschütztes Rechtsgut, könnte verletzt sein. Vorliegend liegt keine Gesundheitsschädigung vor (s. o.), deswegen scheitert ein Anspruch schon mangels Rechtsgutsverletzung.

---

[22] *LG Trier* Urteil v. 19.2.2016 – 1 S 131/15.
[23] *LG Trier* Urteil v. 19.2.2016 – 1 S 131/15.
[24] *LG Trier* Urteil v. 19.2.2016 – 1 S 131/15.
[25] *Rengier*, Strafrecht, Besonderer Teil II, 15. Auflage, § 13 Rn. 11.

III. Anspruch des V gegen die Deutsche Bahn aus Art. 17 I UAbs. 1 S. 1 VO auf Fahrpreisentschädigung

Möglicherweise hat V aber einen Anspruch auf Erstattung des Fahrpreises. Da V kein Ticket mit angegebenem Abfahrts- und Zielort hat, sondern ein Bayernticket, das eine Zeitfahrkarte i. S. v. Art. 3 Nr. 13 VO darstellt, gilt für ihn die Bestimmung des Art. 17 I UAbs. 1 S. 1 VO, wonach er eine angemessene Entschädigung gemäß den Entschädigungsbedingungen des Eisenbahnunternehmens, also hier der DB AG, verlangen kann. Die Bahn setzt in ihren Entschädigungsbedingungen eine pauschale Entschädigung von 1,50 € bei einer Verspätung ab 60 Minuten pro Fahrt fest. Da V eine Fahrt von Passau zum Münchner Flughafen unternahm, auf der es zu einer Verspätung von 4 Stunden kam, hätte er somit einen Anspruch auf 1,50 € als Entschädigungszahlung gegen die Bahn. Gem. Art. 17 III 2 VO dürfen Eisenbahnunternehmen Mindestbeträge festlegen, unterhalb deren keine Entschädigungszahlungen vorgenommen werden. Dieser Mindestbetrag darf gem. Art. 17 III 3 VO bei höchstens 4 € liegen. Die Bahn setzt einen solchen Mindestbetrag i. H. v. 4 € fest, daher hat V keinen Anspruch auf Zahlung einer Fahrpreisentschädigung.

B. Anspruch des V gegen die Med-Line AG aus §§ 651d I 2, 638 IV 1, 2, 346 I BGB auf Minderung des Reisepreises der Kreuzfahrt

Ein derartiger Anspruch kommt in Betracht, wenn V mit der Med-Line AG (im Folgenden: M-AG) einen Reisevertrag abgeschlossen hat, die Reise einen Reisemangel aufwies und der Anspruch nicht aufgrund sonstiger Vorschriften ausgeschlossen ist. Ein Reisevertrag gem. § 651a I BGB liegt vor, wenn sich ein Reiseveranstalter gegen Zahlung eines Reisepreises verpflichtet für den Reisenden eine Gesamtheit von Reiseleitungen (Reise) zu erbringen. Fraglich ist, ob die M-AG Reiseveranstalter ist. Reiseveranstalter ist jede natürliche oder juristische Person, die eine Reise in eigener Verantwortung organisiert, anbietet und erbringt.[26] Dies ist problematisch, da auch das Reisebüro „Hin und Weg" (im Folgenden: R) Reiseveranstalter sein könnte. Ein Reisebüro ist jedoch nur dann als Reiseveranstalter zu sehen, wenn es die Reiseleistungen bei einem aus mehreren Reiseleitungen zusammengesetzten Reisevertrag als eigene anbietet.[27] Davon ist auszugehen, wenn das Reisebüro die Reiseleistungen eigenverantwortlich auf den Markt bringt und ausführt.[28] Dagegen ist eine Reisevermittlung gegeben, wenn durch Nennung des Leistungsträgers zum Ausdruck gebracht wird, dass das Reisebüro nur für die Vermittlung eines Vertrags mit diesen Leistungsträgern zuständig ist.[29] Aus dem Katalog geht hervor, dass die M-

---

[26] *Führich*, Basiswissen Reiserecht, 3. Auflage, Rn. 8.
[27] *BGH* NJW 2011, 599, Rn. 4.
[28] *BGH* NJW 2011, 599, Rn. 5.
[29] *BGH* NJW 2011, 599, Rn. 5.

AG das Schiff betreibt. Es wird folglich ein Leistungsträger benannt. R bietet die Leistungen daher nicht als eigene an. Die M-AG bietet die Kreuzfahrt an, organisiert Dinge wie z. B. die Route und erbringt die Schifffahrt auch selbst. Daher ist die M-AG Reiseveranstalter und R Reisevermittler. An diesem Ergebnis ändert auch die Tatsache nichts, dass R dem V mehrere einzelne touristische Dienstleistungen von verschiedenen Anbietern (hier Flug, Hotel und Kreuzfahrt) verkauft. Dies begründet sich damit, dass weder ein Erfahrungssatz noch eine gesetzliche Auslegungsregel dazu führt, dass das Reisebüro in einem solchen Fall zwangsläufig als Reiseveranstalter zu sehen ist.[30] V müsste nun mit der M-AG eine Gesamtheit von Reiseleistungen vereinbart haben. Voraussetzung für die Annahme einer Gesamtheit von Reiseleistungen sind zum einen mindestens zwei einzelne Reiseleistungen und zum anderen eine Bündelung dieser Leistungen.[31] V hat mit der M-AG die Verpflegung an Bord, die Unterbringung und die Beförderung durch das Mittelmeer vereinbart. Diese Leistungen wurden auch gebündelt. Eine Gesamtheit von Reiseleistungen liegt mithin vor. Gem. § 651a I 2 BGB verpflichtete sich V, den Reisepreis i. H. v. 1600 € zu zahlen. V hat also mit der M-AG einen Reisevertrag abgeschlossen.

Weiter müsste ein Reisemangel gem. § 651c I BGB aufgekommen sein. Dieser ist gegeben, wenn die vertraglich geschuldete Ist-Beschaffenheit der Reise negativ von der Soll-Beschaffenheit abweicht.[32] Vorliegend kommt als Reisemangel das Tiramisu in Betracht, das der Koch fahrlässigerweise mit 4 Wochen alten Eiern zubereitete. Tiramisu wird aus rohen Eiern hergestellt. Diese sind keine 4 Wochen haltbar. Daher ist anzunehmen, dass diese bei ihrer Verwendung bereits verdorben waren. Durch lebensnahe Auslegung des Sachverhalts kann davon ausgegangen werden, dass genießbares Essen die vereinbarte Soll-Beschaffenheit ist. Mithin liegt durch die verdorbene Nachspeise eine negative Abweichung und somit ein Reisemangel vor. Problematisch ist, dass V nicht selbst von dem Mangel betroffen ist. Er hat nämlich kein Tiramisu gegessen. Bei mehreren Reiseteilnehmern ist es jedoch möglich, dass sich ein Mangel auch auf nicht unmittelbar Betroffene auswirkt, sog. Ausstrahlungswirkung.[33] V wird nämlich durch den Mangel beeinträchtigt, da aufgrund dessen zwei seiner Familienmitglieder, die auch als Mitreisende in den Reisevertrag miteinbezogen sind, weil V die Kreuzfahrt auch für sie buchte, krank sind. Dass V nicht selbst krank, bzw. von dem Mangel betroffen ist, steht mithin einem Minderungsanspruch nicht im Wege.

---

[30] *BGH* NJW 2011, 599, Rn. 11.
[31] *Tonner*, in: MüKo-BGB, 6. Auflage, § 651a Rn. 13.
[32] *Führich*, Basiswissen Reiserecht, 3. Auflage, Rn. 137.
[33] *Führich*, Reiserecht, Handbuch und Kommentar, 7. Auflage, § 8 Rn. 35.

Weiter müsste der Mangel von gewisser Dauer sein.[34] F und B ging es am darauffolgenden Morgen sehr schlecht, der Mangel war also nicht nur von unerheblicher Dauer. Der Anspruch auf Minderung könnte jedoch gem. § 651d II BGB ausgeschlossen sein, wenn es der Reisende schuldhaft unterlassen hat, den Mangel anzuzeigen. Eine Mängelanzeige lässt sich dem Sachverhalt nicht entnehmen. Die Verpflichtung zur Mangelanzeige beruht auf dem Gedanken, dass der Reiseveranstalter durch die Kenntnisnahme die Möglichkeit zur Beseitigung des Mangels hat.[35] Aus diesem Grund ist eine Mängelanzeige entbehrlich, wenn ein Abhilfeverlangen keinen Sinn ergibt, weil eine Abhilfe ausgeschlossen ist.[36] Vorliegend ist der Mangel nicht mehr zu beheben, da F und B die verdorbene Nachspeise schon gegessen haben und deshalb krank sind. Der Anspruch auf Minderung ist daher nicht wegen des Fehlens der Mangelanzeige gem. § 651d II BGB ausgeschlossen. Gem. § 651g I 1 BGB müsste V den Anspruch innerhalb eines Monats nach Beendigung der Reise gegenüber dem Reiseveranstalter geltend machen, damit dieser letztendlich besteht. Die Einhaltung dieser Frist unterstellt, hat V einen Anspruch auf Minderung des Reisepreises. Da die Minderung ipso iure eintritt, bedarf es keiner Minderungserklärung.[37] Die Höhe der Minderung bestimmt sich nach Art, Dauer und Intensität des Mangels und nach dem Grad der konkreten Nutzungsbeeinträchtigung der Reise und dem Reisecharakter.[38] Entsprechend § 638 III BGB ist bei der Minderung die Vergütung in dem Verhältnis herabzusetzen, in welchem zur Zeit des Vertragsschlusses der Wert des Werks in mangelfreiem Zustand zu dem wirklichem Wert gestanden haben würde. Der von V gezahlte Mehrbetrag ist gem. § 651d I 2 i. V. m. §§ 638 IV 1, 346 I BGB von der M-AG zurückzuerstatten.

C. Anspruch von F und B gegen die M-AG auf Schadensersatz wegen Körperverletzung aus Art. 3 II im Anhang der Verordnung (EG) Nr. 392/2009

Bevor ein Anspruch aus Art. 3 II im Anhang der Verordnung (EG) Nr. 392/2009 (im Folgenden: AÜ) geprüft werden kann, ist zunächst auf die Anwendbarkeit der Verordnung einzugehen. Das AÜ findet bei Kreuzfahrten in Form von Pauschalreisen Anwendung, wenn es dabei zu einer Beförderung auf internationalen Seegewässern kommt.[39] V und seine Familie unternahmen eine Mittelmeerkreuzfahrt durch internationale Seegewässer. Eine Pauschalreise ist gem. Art. 2 Nr. 1 der Richtlinie 90/314/EWG eine Reise, bei der im Voraus mindestens Dienstleistungen

---

[34] *Führich*, Basiswissen Reiserecht, 3. Auflage, Rn. 166.
[35] *Tonner*, in: MüKo-BGB, 6. Auflage, § 651d Rn. 12.
[36] *Tonner*, in: MüKo-BGB, 6. Auflage, § 651d Rn. 12.
[37] *Führich*, Reiserecht, Handbuch und Kommentar, 7. Auflage, § 8 Rn. 1.
[38] *Führich*, Basiswissen Reiserecht, 3. Auflage, Rn. 171.
[39] *Führich*, Reiserecht, Handbuch und Kommentar, 7. Auflage, § 7 Rn. 55.

wie die Beförderung und Unterbringung miteinander verbunden werden und in einem Gesamtpreis verkauft werden. Weiter müsste die Reise länger als 24 Stunden dauern oder eine Übernachtung einschließen. Bei der Kreuzfahrt werden Beförderung und Unterbringung im Voraus kombiniert, die Reise dauert länger als 24 Stunden, enthält mehr als eine Übernachtung und wird für einen Gesamtpreis von 1600 € angeboten. Mithin handelt es sich um eine Pauschalreise. Der Anwendungsbereich des AÜ ist somit eröffnet. Im Anwendungsbereich internationaler Übereinkommen wie dem AÜ bei Seepassagen sind Ansprüche aus § 651f BGB wegen einer aus dem AÜ resultierenden Sperrwirkung ausgeschlossen.[40] Auch immaterielle Ansprüche nach § 651f II BGB und Ansprüche auf Zahlung von Schmerzensgeld gem. § 253 II BGB sind im Anwendungsbereich des AÜ gesperrt.[41] Daraus ergibt sich, dass das AÜ alleinige Rechtsgrundlage für eine Haftung des Reiseveranstalters einer Kreuzfahrt für reisevertragliche und deliktische Ansprüche ist.[42]

F und B könnten also einen Anspruch aus Art. 3 II im Anhang des AÜ haben, wenn ein Schaden durch eine Körperverletzung eines Reisenden nicht aufgrund eines Schifffahrtsereignisses entstanden ist, die M-AG Beförderer ist und der Schaden auf ein Verschulden des Beförderers zurückzuführen ist. Gem. Art. 1 Nr. 4 lit. a im Anhang des AÜ ist ein Reisender eine Person, die aufgrund eines Beförderungsvertrags auf einem Schiff befördert wird. V hat einen Reisevertrag i. S. v. § 651a I BGB mit der M-AG geschlossen in den auch F und B miteinbezogen sind, s. oben. Ein Beförderungsvertrag liegt daher vor. Auch wurden F und B aufgrund dieses Vertrages auf dem Schiff „Medusa" befördert. Sie sind mithin Reisende i. S. d. AÜ. Die M-AG ist Beförderer i. S. v. Art. 1 Nr. 1 lit. a im Anhang des AÜ. Unter eine Körperverletzung fällt eine Gesundheitsschädigung, also das Hervorrufen oder Steigern eines pathologischen Zustands.[43] Das verdorbene Tiramisu verursachte starke Übelkeit bei F und B, mithin wurde ein krankhafter Zustand hervorgerufen, eine Körperverletzung liegt vor. Aufgrund des pathologischen Zustands konnten F und B das Bett nicht verlassen und kein Essen zu sich nehmen. Hierin ist ein (immaterieller) Schaden zu sehen. Dieser Schaden ist auch nicht durch ein Schifffahrtsereignis entstanden.

Als weiterer Schadensposten könnte in Betracht kommen, dass F und B infolge der Übelkeit nicht in die Oper gehen konnten. Problematisch ist, ob ein Schaden vorliegt. Ein Schaden ist in jeder unfreiwilligen Vermögenseinbuße zu sehen.[44] Hier bezahlten sie die 100 € für die beiden Opernkarten aber freiwillig. Bei Anwendung der Differenzhypothese kommt man zu dem

---

[40] *Führich*, Reiserecht, Handbuch und Kommentar, 7. Auflage, § 11 Rn. 14.
[41] *Führich*, Reiserecht, Handbuch und Kommentar, 7. Auflage, § 11 Rn. 14;
OLG Rostock Urteil v. 11.02.2011 – 5 U 40/10.
[42] *Führich*, Reiserecht, Handbuch und Kommentar, 7. Auflage, § 11 Rn. 14.
[43] *Rengier*, Strafrecht, Besonderer Teil II, 15. Auflage, § 13 Rn. 11.
[44] *Brox/Walker*, Allgemeines Schuldrecht, 37. Auflage, § 29 Rn. 1.

Ergebnis, dass das Vermögen der Verletzten hinsichtlich der verpassten Opernaufführung wegen der Verletzung nicht gemindert ist.[45] Weiter war das schädigende Ereignis, also das Essen des Tiramisus, nicht ursächlich für die für die Opernkarten getätigten Aufwendungen. Nach der Differenzhypothese haben F und B daher zunächst keinen Schaden. Diese ist jedoch bloßer Ausgangspunkt der Schadensermittlung und bedarf unter Umständen normativer Korrektur.[46] Der Schaden ist hier im Wegfall des Äquivalents, also dem immateriellen Zweck der Opernkarten, der vereitelt wurde und nicht in der Aufwendung des Geldbetrags für die Opernkarte zu sehen.[47] Durch diesen Ansatz kann der oben fehlende Kausalzusammenhang hergestellt werden, denn das schädigende Ereignis ist kausal für den Wegfall des Äquivalents.[48] Ein Schaden liegt folglich vor. Auch dieser Schaden beruhte nicht auf einem Schifffahrtsereignis.

Schließlich müssten die Schadenspositionen auf ein Verschulden der M-AG zurückzuführen sein. Hinweise auf ein solches Verschulden sind nicht ersichtlich. Nur der Koch der M-AG handelte fahrlässig indem er 4 Wochen alte Eier zur Zubereitung des Tiramisus hernahm. Gem. Art. 3 V lit. b im Anhang des AÜ schließt das Verschulden des Beförderers das Verschulden eines der in Ausübung ihrer Verrichtungen handelnden Bediensteten mit ein. Der Koch ist Bediensteter der M-AG und handelte in Ausübung einer Verrichtung der M-AG, er bereitete das Essen zu. Die M-AG verschuldet daher beide Schadenspositionen von F und B. Folglich haben sie einen Anspruch auf Schadensersatz bzgl. des erlittenen immateriellen Schaden und bzgl. der getätigten Aufwendungen für die Opernkarten i. H. v. jeweils 50 € aus Art. 3 II im Anhang des AÜ.

D. Anspruch der M gegen die M-AG aus Art. 3 II im Anhang des AÜ auf Schadensersatz wegen der Seekrankheit

Weiter könnte M einen Anspruch auf Schadensersatz haben, weil sie seekrank war und infolge dessen das Bett hüten musste und nur noch Zwieback zu sich nehmen konnte. Jedoch beruhte diese Seekrankheit auf keinem Verschulden der M-AG, sondern ist vielmehr allgemeines Lebensrisiko. Die M hat daher insoweit keinerlei Ansprüche.

---

[45] *Martens,* AcP Bd. 209 (2009), 449.
[46] *Martens,* AcP Bd. 209 (2009), 449.
[47] *Martens,* AcP Bd. 209 (2009), 450.
[48] *Martens,* AcP Bd. 209 (2009), 450.

E. Ansprüche des V gegen das Reisebüro „Hin und Weg" (R)

I. Anspruch aus §§ 651d I 2, 638 IV 1, 2, 346 I BGB auf Reisepreisminderung bzgl. des Strandurlaubs

Damit ein Anspruch des V auf Minderung des Reisepreises besteht, müsste er mit R einen Reisevertrag abgeschlossen haben, die Reise einen Reisemangel aufgewiesen haben und der Anspruch dürfte nicht aufgrund sonstiger Vorschriften ausgeschlossen sein. Damit die Schließung eines Reisevertrags gem. § 651a I 1 BGB überhaupt in Betracht kommt, müsste R Reiseveranstalter sein. Zwar ist R - was die Kreuzfahrt anbelangt - bloß Reisevermittler, allerdings könnte R bzgl. des Strandurlaubs auf Korfu Reiseveranstalter sein. Ein Reisebüro ist dann Reiseveranstalter, wenn es bei einem aus mehreren Reiseleistungen zusammengesetzten Reisevertrag die Reiseleistungen als eigene anbietet.[49] Davon ist auszugehen, wenn das Reisebüro die Reiseleistungen eigenverantwortlich auf den Markt bringt und ausführt.[50] Zunächst ist festzustellen, dass das R dem V selbst nichts anbietet, sondern die Angestellte A des R. A ist jedoch aufgrund des Angestelltenverhältnis Erfüllungsgehilfe des R i. S. v. § 278 S. 1 BGB, sodass sich ein Verschulden der A dem R zurechnen lässt. Auf die Aussage des V, dass nach der Kreuzfahrt noch drei Tage Strandurlaub hinzukommen sollen, empfiehlt A das Hotel „Amaxi Hellenikos" besonders und verspricht, dass sich das Hotel in unmittelbarer Nähe zum Strand befindet. A bringt die Reiseleistung für R mithin eigenverantwortlich auf den Markt durch die Empfehlung und somit ist R Reisveranstalter. Weiter setzt sich der Reisevertrag aus mehreren einzelnen Reiseleistungen zusammen, nämlich der Beherbergung im Hotel und dem Rückflug. Diese beiden Leistungen erfolgen auch gebündelt, daher hat sich R auch verpflichtet, eine Gesamtheit von Reiseleistungen zu erbringen. V verpflichtete sich im Gegenzug gem. § 651a I 2 BGB zur Zahlung des Reisepreises. Ein Reisevertrag gem. § 651a I BGB liegt deshalb vor.

Damit der Anspruch auf Minderung besteht, müsste außerdem ein Reisemangel i. S. v. § 651c I BGB vorliegen. Gem. § 651c I BGB ist der Reiseveranstalter verpflichtet, die Reise so zu erbringen, dass sie die zugesicherten Eigenschaften hat und nicht mit Fehlern behaftet ist, die den Wert oder die Tauglichkeit zu dem gewöhnlichen oder nach dem Vertrag vorausgesetzten Nutzen aufheben oder mindern. Vertraglich vorausgesetzte Eigenschaft war ein Strandurlaub. Diese Eigenschaft wurde dem V auch durch A zugesichert, indem sie ein Hotel empfahl, das in unmittelbarer Strandnähe liegt. Das Hotel lag zwar in unmittelbarer Strandnähe, jedoch handelte es sich bei diesem Strand um einen Autostrand, wo Autorennen stattfinden. Ein solcher Strand eignet sich nicht für einen Strandurlaub. Die Reise hatte also nicht die zugesicherten

---

[49] *BGH* NJW 2011, 599, Rn. 4.
[50] *BGH* NJW 2011, 599, Rn. 5.

Eigenschaften und war mit Fehlern behaftet, die die Tauglichkeit zu dem gewöhnlichen Nutzen aufheben. Ein Reisemangel i. S. v. § 651c I BGB liegt folglich vor.

Der Anspruch dürfte nicht ausgeschlossen sein. Vorliegend kommt ein Ausschluss gem. § 651d II BGB in Betracht, nach dem die Minderung nicht eintritt, wenn der Reisende es schuldhaft unterlässt, den Mangel anzuzeigen. V verbrauchte die drei Tage mit seiner Familie in der Hotellobby, zeigte den Mangel jedoch nicht beim Reiseveranstalter R an. Ein schuldhaftes Unterlassen scheint also gegeben. Die Minderung wäre also ausgeschlossen, soweit eine Mängelanzeige nicht ohnehin entbehrlich war. Sinn und Zweck der Mängelanzeige ist es, dem Reiseveranstalter durch Kenntnisnahme die Möglichkeit zu geben, den Mangel zu beheben.[51] Aus diesem Grund ist eine Mängelanzeige entbehrlich, wenn ein Abhilfeverlangen keinen Sinn ergibt, weil eine Abhilfe ausgeschlossen ist.[52] Das empfohlene Hotel eignet sich aus obigen Gründen nicht für einen Strandurlaub. Eine Abhilfe diesbezüglich ist ausgeschlossen. Einzig denkbare Möglichkeit wäre es, den V und seine Familie in ein anderes Hotel umzusiedeln. Ob eine derartige Möglichkeit bestanden hätte, lässt der Sachverhalt nicht erkennen. Deshalb ist davon auszugehen, dass – auch in Anbetracht der kurzen Urlaubsdauer von nur drei Tagen – diese Möglichkeit nicht bestand. Der Anspruch ist daher nicht aufgrund § 651d II BGB ausgeschlossen. Damit der Anspruch auf Minderung letztendlich besteht, müsste V den Anspruch gem. § 651g I 1 BGB innerhalb eines Monats nach der vertraglich vorgesehenen Beendigung beim Reiseveranstalter R geltend machen. Im Sachverhalt lassen sich keine Hinweis finden, wie weit der nächste für einen Strandurlaub geeignete Strand entfernt ist. Nach der Kemptener Reisemängeltabelle lassen sich Minderungen um bis zu 20 % des Reisepreises finden, wenn die Strandentfernung z. B. 1000 m statt 500 m ist.[53] Eine Minderung i. H. v. 20 % erscheint angemessen, da bei lebensnaher Sachverhaltsauslegung der nächste taugliche Strand weiter weg gewesen sein muss, da die Familie sonst nicht drei Tage in der Hotellobby verbracht hätte, sondern einen etwas weiteren Weg in Kauf genommen hätte. V kann den Reisepreis also um 20 %, also 100 €, mindern. Der geminderte Betrag ist ihm gem. § 651d I 2 i. V. m. §§ 638 IV 1, 346 I BGB von R zurückzuerstatten.

II. Anspruch aus § 651f II BGB

Ferner könnte V gem. § 651f II BGB eine angemessene Entschädigung in Geld wegen nutzlos aufgewendeter Urlaubszeit verlangen, wenn die Reise vereitelt oder erheblich beeinträchtigt wurde und ihm daraus ein Schaden entstanden ist. Eine Vereitelung liegt vor, wenn die Reise überhaupt nicht angetreten werden kann oder sofort nach Ankunft am Urlaubsort wieder die

---

[51] *Tonner,* in: MüKo-BGB, 6. Auflage, § 651d Rn. 12.
[52] *Tonner,* in: MüKo-BGB, 6. Auflage, § 651d Rn. 12.
[53] *Führich,* Reiserecht, Handbuch und Kommentar, 7. Auflage, Anhang IV, S. 1593.

Heimreise angetreten werden muss.[54] Eine Vereitelung ist vorliegend nicht gegeben. Eine erhebliche Beeinträchtigung der Reise liegt vor, wenn der zugrundeliegende Reisemangel zu einer Minderung des Reisepreises um 50 % berechtigt.[55] Hier berechtigt der in der Strandentfernung liegende Reisemangel allerdings nur zu einer Minderung i. H. v. 20 %. Daher liegt auch keine erhebliche Beeinträchtigung vor, weswegen ein Anspruch aus § 651f II BGB nicht besteht.

F. Anspruch des V gegen die Oper aus § 280 I BGB

Zunächst ist zu klären, welche Rechtsnatur dem Opernbesuchsvertrag, der mit dem Kauf der Eintrittskarte abgeschlossen wurde, zugrunde liegt. Bei dem Vertrag handelt es sich um einen typengemischten Vertrag, der werk-, kauf-, und mietvertragliche Elemente enthält.[56] Das werkvertragliche Element überwiegt die anderen Vertragselemente, weil es in erster Linie geschuldet ist, einen Erfolg herbeizuführen, der im Vorspielen des Stücks zu sehen ist. Werkvertragliches Gewährleistungsrecht ist jedoch erst bei Gefahrenübergang anwendbar. Der Zeitpunkt des Gefahrübergangs ist gem. § 644 I 1 BGB die Abnahme des Werks i. S. v. § 640 BGB. Die Abnahme meint die körperliche Entgegennahme des Werks.[57] Vorliegend ist eine körperliche Entgegennahme der Opernaufführung ausgeschlossen. In solchen Fällen erfolgt die Abnahme nach Vollendung des Werks, also nach Erbringung aller wesentlicher vertraglich geschuldeten Leistungen.[58] Das Vorspielen des Stücks ist erst dann vollendet, wenn es zu Ende gespielt wurde. Auch ist dann erst die vertraglich geschuldete Leistung erfüllt. Vorliegend ist V jedoch schon während der Aufführung von dem Stück enttäuscht. Sollte also eine Schlechtleistung der Oper vorliegen, so hätte diese schon vor Gefahrübergang vorgelegen, deshalb ist allgemeines Leistungsstörungsrecht anwendbar. Da V von der Aufführung enttäuscht ist, würde er wahrscheinlich gerne sein Geld zurück verlangen. Er könnte einen Schaden i. H. v. 50 € haben. Ein Schuldverhältnis in Form eines Werkvertrags wurde geschlossen, s. oben. Damit ein Schadensersatzanspruch in Betracht kommt, müsste eine Pflichtverletzung der Oper in Form einer Schlechtleistung vorliegen. Fraglich ist, unter welchen Umständen V gegen die Oper wegen Schlechterfüllung des Opernbesuchsvertrags vorgehen kann. Vorliegend könnte die Schlechtleistung darin liegen, dass das Stück von der Originalfassung abgewichen ist, obwohl dies nicht im Programm ausgewiesen war. Nach einer Ansicht bleibt das Stück, auch wenn es bearbeitet wird, immer noch das Werk des betreffenden Autors, es bleibt seine geistige Schöpfung.[59] Eine

---

[54] *Tonner*, in: MüKo-BGB, 6. Auflage, § 651f Rn. 48.
[55] *Tonner*, in: MüKo-BGB, 6. Auflage, § 651f Rn. 49.
[56] *Fessmann*, NJW 1983, 1165.
[57] *Sprau*, in: Palandt, BGB, 73. Auflage, § 640 Rn. 3.
[58] *Sprau*, in: Palandt, BGB, 73. Auflage, § 640 Rn. 3.
[59] *Fessmann*, NJW 1983, 1168.

Literarturmeinung will zur Bestimmung dessen, wann es sich um ein angekündigtes Stück handelt und wann nicht, auf die Verkehrssitte abstellen.[60] Das entscheidende Kriterium ist also, ob eine derartige Änderung des Stücks nach Treu und Glauben mit Rücksicht auf die Verkehrssitte zu vertreten ist.[61] Diese Ansicht ist jedoch abzulehnen, denn wenn es darum geht festzustellen, ob das aufgeführte Stück dem angekündigten entspricht, ist ein Abstellen auf die Verkehrssitte nicht förderlich.[62] Das angekündigte Stück kann in der äußeren Form abgewandelt werden, wenn der Inhalt des Stücks unverändert bleibt.[63] Dafür genügt es, wenn die sprachlichen Gedanken oder musikalischen Einfälle des als Verfasser genannten Autors hinreichend zum Vorschein kommen, sodass das Werk weiterhin als solches identifizierbar bleibt.[64] Deshalb bleibt das Stück weiterhin „Nabucco" von Verdi, auch wenn Schlangenseif die Darsteller als Kaninchen verkleidet. V erkennt zwar das Stück nicht wieder, dies ist aber bei lebensnaher Auslegung darauf zurückzuführen, dass die Schauspieler als Kaninchen verkleidet sind. Von einer Abweichung der sprachlichen Gedanken oder musikalischen Einfälle lässt der Sachverhalt nichts erkennen. Ein Mangel wegen eines Abweichens von der Originalfassung besteht demnach nicht.

Ein Mangel wegen Verletzung einer Ankündigungspflicht, dass bei dem Stück alle Schauspieler als Kaninchen verkleidet sind, scheidet ebenfalls aus, denn solche Ankündigungspflichten sind im Bühnenwesen unüblich.[65] Weiter könnte ein Verstoß gegen die „Werktreue" vorliegen, denn das Stück wird durch das Verkleiden und Lispeln der Darsteller anders aufgeführt und gänzlich anders gespielt, als Besucher wie V dies erwarten konnten. Der Vorwurf der Werkuntreue könnte darin liegen, dass die Inszenierung von Schlangenseif dem Charakter des eigentlichen Stücks bzw. Werks nicht gerecht wird, denn das Stück wird durch die lispelnden Kaninchen nicht so gespielt, wie Verdi es ursprünglich vorgab. Zur Bestimmung eines Schadensersatzanspruch wegen Schlechterfüllung des Opernbesuchsvertrags kommt die Verkehrsanschauung in Betracht, die es jedoch – was den Punkt betrifft, wie ein Werk zu spielen ist – nicht gibt.[66] Dies begründet sich damit, dass es auch Zuschauer gibt, die keine werkgetreue Aufführung, sondern im Gegenteil erwarten, dass das Werk in einer aktuellen Sichtweise oder in einer assoziativ-freien Spielweise aufgeführt wird.[67] Die Verkehrsanschauung, wie ein Stück zu spielen ist, ist also nicht nur unbestimmbar, sondern unterliegt auch einer fortlaufenden Entwicklung.[68] Auch gewährt die in der Verfassung durch Art. 5 III GG manifestierte Kunstfreiheit eine

---

[60] *Fessmann,* NJW 1983, 1168.
[61] *Fessmann,* NJW 1983, 1168.
[62] *Fessmann,* NJW 1983, 1168.
[63] *Fessmann,* NJW 1983, 1169.
[64] *Fessmann,* NJW 1983, 1169.
[65] *Fessmann,* NJW 1983, 1169.
[66] *Fessmann,* NJW 1983, 1171.
[67] *Fessmann,* NJW 1983, 1171.
[68] *Fessmann,* NJW 1983, 1171.

weite Gestaltungsfreiheit der Regisseure und führt beim Opernbesuchsvertrag dazu, dass eine Ansicht, die das Publikum vor vermeintlichen Werkentstellungen und Werkverstümmelungen schützen will, kaum vertretbar erscheint.[69] Dafür spricht auch, dass es nicht zu bestimmen ist, wann eine noch hinnehmbare Inszenierung gegeben ist und wann eine gerade nicht mehr hinnehmbare Inszenierung vorliegt.[70] Als Ergebnis lässt sich also festhalten, dass der Opernbesuchsvertrag auch dann als erfüllt anzusehen ist, „wenn eine Aufführung von vermeintlich gültigen Stilnormen abweicht und als nicht werkgetreu erscheint."[71] Aufgrund dieser Aspekte hat V keinerlei Ansprüche wegen einer vermeintlichen Schlechtleistung. Dieses Ergebnis entspricht auch der Billigkeit, denn V hat die in Vorführung der Oper „Nabucco" liegende versprochene Leistung erhalten, auch wenn es ihm nicht gefallen hat.[72] Andere Ansprüche auf Rückzahlung der 50 € für die Opernkarte kommen nicht in Betracht.

G. Ansprüche des V gegen die Ohtu-AG

I. Anspruch aus §§ 280 I, 241 II BGB auf Schadensersatz i. H. v. 500 € wegen Verletzung der Hinweispflicht

V könnte einen Anspruch aus §§ 280 I, 241 II BGB i. V. m. Art. 15 VO (EU) Nr. 531/2012 (im Folgenden: Roaming-VO) haben. Jedoch spielt sich der Sachverhalt auf dem Meer ab, weswegen die Verordnung nicht anwendbar sein könnte, da diese gem. Art. 2 lit. e Roaming-VO nur terrestrische Netze umfasst und nicht solche, die sich auf dem Meer befinden. Art. 15 Roaming-VO gilt gem. Art. 15 VI UAbs. 1 Roaming-VO auch für Datenroamingdienste, die von Roamingkunden bei Reisen außerhalb der Union genutzt und von einem Roaminganbieter bereitgestellt werden. Man könnte eine analoge Anwendung des Art. 15 VI UAbs. 1 Roaming-VO andenken und die Begriffe „außerhalb der EU" mit „internationalen Gewässern auf dem Meer" gleichsetzen. Dafür spricht, dass es Sinn und Zweck der Verordnung ist, für ein hohes Maß an Verbraucherschutz zu sorgen.[73] Die Verordnung ist daher auch auf dem Meer anwendbar.

Zunächst müsste ein Schuldverhältnis zwischen V, der alle Verträge seiner Familie im eigenen Namen abgeschlossen hat und der Ohtu-AG (im Folgenden: O-AG) bestehen. Vorliegend ist das zugrunde liegende Schuldverhältnis ein Telekommunikationsdienstvertrag, also ein Dienstvertrag nach § 611 BGB in Form eines Dauerschuldverhältnisses. Weiter müsste der O-AG eine Pflichtverletzung gem. § 280 I BGB in Form einer Nebenpflichtverletzung i. S. v. § 241 II BGB vorzuwerfen sein, die diese auch zu vertreten hat. Aufgrund derer müsste dem V ein Schaden

---

[69] *Fessmann*, NJW 1983, 1171.
[70] *Fessmann*, NJW 1983, 1171.
[71] *Fessmann*, NJW 1983, 1171.
[72] Vgl. *Fessmann*, NJW 1983, 1171.
[73] *Grussmann/Honekamp*, in: Beck'scher TKG Kommentar, 4. Auflage, Rn. 143e.

entstanden sein. Gem. § 241 II BGB ist jede Vertragspartei durch das Schuldverhältnis verpflichtet Rücksicht auf die Rechte, Rechtsgüter und Interessen des anderen Teils zu nehmen. Dabei handelt es sich um eine aus dem Grundsatz von Treu und Glauben nach § 242 BGB abgeleitete Sonderverbindung, die das Schuldverhältnis schafft und das Integritätsinteresse des anderen Teils, also seinen personen- und vermögensrechtlichen Status quo schützt.[74] Eine mobilfunkvertragliche Nebenpflicht ist, dass beide Vertragspartner für eine möglichst reibungslose und transparente Abwicklung des Vertragsverhältnisses sorgen.[75] Daraus folgt, dass Hinweis- und Aufklärungspflichten gegenüber dem Vertragspartner bestehen, „wenn dieser mangels eigener Kenntnisse der Gefährdung seiner Belange nicht selbst in ausreichendem Maß entgegenwirken kann."[76] Eine Aufklärungspflicht nach § 242 BGB besteht immer dann, wenn der Vertragspartner nach Treu und Glauben und aufgrund der im Verkehr herrschenden Anschauungen eine Aufklärung erwarten darf.[77] Eine Nebenpflichtverletzung der O-AG könnte dahingehend vorliegen, dass sie V nicht konkret, substanziell und individuell darauf hingewiesen hat, dass er sich aktuell im Telefonnetz des Kreuzfahrtschiffbetreibers, der M-AG befindet und nicht im „normalen" italienischen Netz, wodurch keine Flatrate für V besteht, sondern ein anderer, viel teurerer Tarif gilt. Für einen durchschnittlichen Kunden erschließt sich nämlich nicht, dass der Tarif im Netz des Kreuzfahrtschiffbetreibers viel teurer ist als der im „normalen" italienischen Netz, für den V eine Flatrate besitzt.[78] Weiter durfte V auch eine Aufklärung erwarten, da es in der Telekommunikationsbranche üblich ist, dass der Telefonanbieter die Kunden zumindest per SMS-Nachricht über Roaming-Tarife und Preisabweichungen informiert. Art. 15 II Roaming-VO verpflichtet den Telefonanbieter dazu, den Kunden durch Versenden einer automatischen Nachricht mit grundlegenden Tarifinformationen. Eine Nebenpflichtverletzung der O-AG ist also in der Tatsache zu sehen, dass sie den V nicht umgehend, z. B. eben per SMS-Nachricht informiert hat, dass er sich momentan in einem anderen Netz befindet, indem seine Italien-Flatrate nicht gilt und es aufgrund des abweichenden Tarifs zu einer immensen Erhöhung der Kosten kommen kann. Die O-AG nahm dem V durch ihr spätes Einschreiten die Möglichkeit, die Datenübertragung frühzeitig abzubrechen und so unerwünscht hohe Kosten zu unterbinden. Eine weitere Pflichtverletzung könnte darin liegen, dass sich der freundliche Servicemitarbeiter der O-AG erst bei V meldet, als schon ein Rechnungsbetrag i. H. v. 500 € vorliegt und somit den V nicht frühzeitig vor einer Kostenexplosion gewarnt hat. Durch das Buchen einer Flatrate bringt der Kunde zum Ausdruck, dass er seine monatlichen Kosten im Zaun halten will und

---

[74] *OLG Schleswig* MMR 2011, 837.
[75] *LG Saarbrücken* NJW 2012, 2820.
[76] *AG Düsseldorf* NJW-RR 2015, 571.
[77] *OLG Schleswig* MMR 2011, 838.
[78] Vgl. *LG Saarbrücken* NJW 2012, 2820.

sich vor einem unbewussten Kostenanstieg schützen will.[79] Ein Einschreiten des Telekommunikationsunternehmen ist aufgrund dessen spätestens dann geboten, wenn die Kosten für die Flatrate um das Doppelte überschritten wurden, um den Kunden vor den außergewöhnlich hohen Kosten zu warnen und sicherzustellen, ob die Inanspruchnahme derart teurer Dienstleistungen wirklich im Interesse des Kunden liegt.[80] Die monatlichen Grundbeträge der Verträge des V liegen bei jeweils 20 €. Laut Sachverhalt treiben sich alle Familienmitglieder gleichzeitig im Internet herum. Man könnte nun also zugunsten der O-AG unterstellen, dass eine Verdoppelung der Kosten ungefähr bei allen vier Verträgen des V gleichzeitig erfolgt ist. Dies ergibt, dass sich die O-AG spätestens ab einem Rechnungsbetrag von 160 € bei V hätte melden müssen. Sollte dies nicht der Fall sein, hätte sich die O-AG noch früher bzgl. der Überschreitung der Kosten bei einem Vertrag der Familie melden müssen. Doch selbst wenn man diese Unterstellung zugunsten der O-AG vornimmt, dass alle vier Verträge relativ gleichzeitig bei einer Verdoppelung der Kosten angekommen sind, hat sich die O-AG nicht bei einem Rechnungsbetrag von 160 € gemeldet, sondern bei einem Rechnungsbetrag von 500 €. Eine Pflichtverletzung der O-AG liegt also auch darin, dass sie V nicht rechtzeitig vor einer Kostenexplosion gewarnt hat, denn die Summe von 500 € übersteigt die vereinbarte Vergütung von 80 € pro Monat für alle vier Verträge um mehr als das Fünffache.

Des Weiteren sind in Art. 15 III Roaming-VO Hinweis- und Schutzpflichten geregelt, die über die allgemeine Aufklärungspflicht des Art. 15 II Roaming-VO hinausgehen, folglich sind sie zusätzlich zur Aufklärungspflicht zu erfüllen.[81] Art. 15 III UAbs. 1 S. 1 Roaming-VO normiert die Pflicht des Telefonanbieters, dem Kunden einen oder mehrere Höchstbeträge für festgesetzte Nutzungszeiträume anzubieten. Dieser Höchstbetrag darf ohne ausdrückliche Zustimmung des Kunden nicht überschritten werden. Gem. Art. 15 III UAbs. 1 S. 2 Roaming-VO ist der erste Höchstbetrag bei ca. 50 € ohne Mehrwertsteuer anzusetzen. Der Sachverhalt gibt keine Hinweise, dass die O-AG dem V derartige Höchstbeträge zur Verfügung gestellt hat. Alternativ dazu könnte die O-AG als Telekommunikationsdienstleister gem. Art. 15 III UAbs. 2 S. 1 Roaming-VO zwar Obergrenzen festlegen, die nach Satz 2 ebenfalls bei ca. 50 € liegen müssten. Hinweise auf eine Festsetzung von Obergrenzen durch die O-AG enthält der Sachverhalt jedoch ebenfalls nicht. Hätte die O-AG dem V die Obergrenzen/Höchstbeträge gesetzt, wäre es nicht zu derart hohen Kosten gekommen. Mithin hat sie auch die Schutzpflichten aus Art. 15 III Roaming-VO verletzt.

---

[79] *LG Saarbrücken* NJW 2012, 2820.
[80] *LG Saarbrücken* NJW 2012, 2820.
[81] *AG Düsseldorf* NJW-RR 2015, 571.

Ferner müsste die O-AG die Pflichtverletzungen zu vertreten haben. Ein Vertretenmüssen wird entsprechend dem Wortlaut von § 280 I 2 BGB vermutet. Hinweise, warum die O-AG gleich mehrere Pflichtverletzungen nicht zu vertreten hätte, lassen sich dem Sachverhalt nicht entnehmen. Die O-AG hat die Nebenpflichtverletzungen mithin zu vertreten.

Schließlich müsste V einen Schaden zu beklagen haben. Unter einem Schaden versteht man jede unfreiwillige Vermögenseinbuße.[82] Der Schaden des V liegt hier in dem von der O-AG aus dem Telekommunikationsvertrag geltend gemachten Anspruch i. H. v. 500 €. Dem Geschädigten steht in solchen Situationen aufgrund der aus § 242 BGB folgenden „dolo agit, qui petit, quod statim redditurus est"-Einrede ein Schadensersatzanspruch in gleicher Höhe wegen Verletzung der Warn-, Fürsorge- und Schutzpflichten zu.[83] V hat also einen Anspruch auf Schadensersatz aus §§ 280 I, 241 II BGB i. H. v. 500 € gegen die O-AG.

II. Kündigungsrecht des V aus § 626 I BGB

V würde gerne aus den Verträgen mit der O-AG herauskommen. Da diese noch 18 Monate laufen, müsste er ein Kündigungsrecht innehaben. Da es sich bei den Verträgen um Dauerschuldverhältnisse handelt, kommt ein Kündigungsrecht aus wichtigem Grunde entweder aus § 314 II, I BGB oder aus § 626 I BGB in Betracht. Grundsätzlich ist § 626 I BGB als speziellere Regelung gegenüber § 314 BGB vorrangig, soweit § 314 BGB nicht durch Vorgabe einer zwingenden Fristsetzung oder Abmahnung genauer ist.[84] Besteht der wichtige Grund für die Kündigung in einer vertraglichen Pflichtverletzung, so ist die Kündigung gem. § 314 II 1 BGB erst nach dem Ablauf einer zur Abhilfe bestimmten Frist oder nach erfolgloser Abmahnung zulässig. Vorliegend kommen als Kündigungsgründe die Nebenpflichtverletzungen der O-AG in Betracht. § 314 II 1 BGB würde also zwingend eine Fristsetzung oder Abmahnung vorgeben und wäre daher genauer, wenn eine Fristsetzung nicht entbehrlich ist und damit nicht zwingend erforderlich. Nach § 314 II 3 BGB ist eine Abhilfefrist oder Abmahnung entbehrlich, wenn besondere Umstände vorliegen, die unter Abwägung beiderseitiger Interessen eine sofortige Kündigung rechtfertigen. Besondere Umstände i. S. v. § 314 II 3 BGB können darin liegen, dass eine Abhilfefrist oder Abmahnung offensichtlich zwecklos ist.[85] Bei einer Abmahnung ist das dann der Fall, wenn durch die Pflichtverletzung eine irreparable Störung des Vertrauensverhältnisses gegeben ist, die auch durch eine Abmahnung nicht mehr behoben werden kann.[86] Eine Fristsetzung des V endet nichts mehr daran, dass seitens der O-AG mehrere

---

[82] *Brox/Walker,* Allgemeines Schuldrecht, 37. Auflage, § 29 Rn. 1.
[83] *LG Saarbrücken* NJW 2012, 2820.
[84] *Henssler,* in: MüKo-BGB, 6. Auflage, § 626 Rn. 44.
[85] *Gaier,* in: MüKo-BGB, 7. Auflage, § 314 Rn. 17.
[86] *Gaier,* in: MüKo-BGB, 7. Auflage, § 314 Rn. 17.

schwerwiegende Nebenpflichten aus dem Vertrag verletzt wurden und ist mithin entbehrlich. Auch kann V auf eine Abmahnung verzichten, da in den gravierenden Informationspflichtverletzungen der O-AG eine nachhaltige Störung der Vertrauensbasis zu sehen ist. Da vorliegend weder Fristsetzung noch Abmahnung erforderlich sind, richtet sich das Kündigungsrecht nach § 626 I BGB. Gem. § 626 I BGB kann das Dienstverhältnis von jedem Vertragsteil aus wichtigem Grund ohne Einhaltung einer Kündigungsfrist gekündigt werden, wenn Tatsachen vorliegen, aufgrund derer dem Kündigenden unter Berücksichtigung aller Umstände des Einzelfalls und unter Abwägung der Interessen beider Vertragsteile die Fortsetzung des Dienstverhältnisses bis zu der vereinbarten Beendigung des Dienstverhältnisses nicht zugemutet werden kann. Zunächst müsste ein wichtiger Grund bestehen, damit V das Dauerschuldverhältnis kündigen kann. Vorliegend verletzte die O-AG mehrere Nebenpflichten aus § 241 II BGB, s. oben. Damit eine Nebenpflichtverletzung jedoch als wichtiger Grund in Betracht kommt, müsste diese vorsätzlich begangen worden sein.[87] Weder für vorsätzliches Handeln der O-AG, noch für weitere potentielle Kündigungsgründe ergeben sich Hinweise aus dem Sachverhalt. Ein Kündigungsrecht des V nach § 626 I BGB scheitert daher schon mangels wichtigem Grund.

H. Anspruch der O-AG gegen V auf Zahlung von 400 € aus § 611 BGB

B telefoniert laut Sachverhalt im Ohtu-Netz, da sich Ns Handy zuhause im Ohtu-Netz einwählt. Für dieses Netz hat V eine Flatrate, sodass kein Anspruch der O-AG besteht. Die AGB der Simjoh-GmbH sind dabei irrelevant, da die Simjoh-GmbH nicht Vertragspartner des V ist.

I. Maximale Kosten für V

I. Anspruch der O-AG gegen V aus § 288 I BGB

Die O-AG könnte, falls sie in erster Instanz gewinne, einen pauschalen Schadensersatzanspruch auf Verzugszinsen i. H. v. 5 Prozentpunkten über dem Basiszinssatz gem. §§ 288 I 2, 247 BGB haben. Dazu müsste sich V im Schuldnerverzug gem. § 286 BGB befinden. Gem. § 286 I BGB kommt der Schuldner in Verzug, wenn er auf eine Mahnung des Gläubigers, die während der Fälligkeit erfolgt, nicht leistet. Die Fälligkeit i. S. v. § 271 I BGB erfolgt i. d. R. mit Stellung der Rechnung. Laut Sachverhalt ist zu unterstellen, dass V auch auf Mahnungen der O-AG hin nicht zahlt, mithin nicht leistet. Er befindet sich daher im Schuldnerverzug, wenn er vor Gericht verliert. Deshalb müsste er im Falle eine Niederlage den geschuldeten Betrag von 900 € gem. § 288 I 1, 247 BGB mit aktuell 4,17 % verzinsen, da der Basiszinssatz derzeit -0,83 % beträgt. V würde demnach 937,53 € schulden.

---

[87] *Weidenkaff*, in: Palandt, BGB, 73. Auflage, § 626 Rn. 46.

II. Anspruch aus § 611 BGB i. V. m. den AGB der O-AG

Dem V könnten weitere Kosten entstehen, wenn die O-AG einen pauschalen Schadensersatzanspruch aus den AGB des Telekommunikationsdienstvertrags hat. Zunächst müsste die O-AG
ein Kündigungsrecht aus wichtigem Grund nach § 626 I BGB haben. Der wichtige Grund i. S.
v. § 626 I BGB ist in der vertraglichen Hauptpflichtverletzung des V, die Entgeltforderungen
der O-AG aus dem Telekommunikationsdienstvertrag zu bezahlen, zu sehen. Das Kündigungsrecht richtet sich auch hier nach § 626 I BGB und nicht nach § 314 II, I BGB, denn eine nach
§ 314 II 1 BGB grundsätzlich erforderliche Abmahnung bei vertraglichen Pflichtverletzungen
ist entbehrlich, da laut Sachverhalt zu unterstellen ist, dass V bereits Mahnungen der O-AG
erhalten hat und auch auf diese nicht leistet. Die O-AG hat also ein Kündigungsrecht aus wichtigem Grund, den V zu vertreten hat. Weiter müssten die AGB, damit ein Anspruch nun besteht,
in den Vertrag mit einbezogen worden sein. Von einem Vorliegen von AGB kann ausgegangen
werden. Gem. § 305 II Nr. 1 und 2 BGB werden AGB nur dann Bestandteil eines Vertrags,
wenn der Verwender bei Vertragsschluss die andere Vertragspartei ausdrücklich darauf hin-
weist und ihr die Möglichkeit verschafft, vom Inhalt Kenntnis zu nehmen. Mangels anderer
Hinweise ist davon auszugehen, dass die O-AG diese Voraussetzungen erfüllt hat. Hinweise
auf das Vorliegen einer überraschenden Klausel i. S. v. § 305c BGB enthält der Sachverhalt
nicht. Die AGB müssten die Inhaltskontrolle der §§ 309, 308, 307 BGB genügen. Vorliegend
könnte ein Verstoß gegen § 309 Nr. 5 lit. b in Betracht kommen, wenn die AGB-Klausel dem
anderen Vertragsteil nicht ausdrücklich den Nachweis gestattet, dass ein Schaden oder eine
Wertminderung überhaupt entstanden ist. Die AGB der O-AG gestatten dem Kunden nur das
Recht, einen geringeren Schaden nachzuweisen, nicht ob überhaupt ein Schaden entstanden ist.
Die AGB sind aufgrund dessen, dass sie der Inhaltskontrolle nicht standhalten, gem. § 306 II
BGB nicht Vertragsbestandteil geworden und der Inhalt des Vertrags richtet sich daher nach
den gesetzlichen Bestimmungen.

III. Anspruch aus § 628 II BGB

Die O-AG könnte einen Anspruch auf Schadensersatz gem. § 628 II BGB haben, wenn die
fristlose Kündigung durch vertragswidriges Verhalten des anderen Teils (hier V) veranlasst
wurde. V hat sich durch das Nichtbegleichen der Rechnungen vertragswidrig verhalten und
daher die O-AG zur Kündigung veranlasst, mithin ist er gem. § 628 II BGB zum Schadensersatz
verpflichtet. Problematisch erscheint, dass die gesetzliche Bestimmung V zu einem größeren
Schadensersatzanspruch verpflichten könnte, wie die AGB der O-AG. Jedoch muss sich der
Anspruchsteller entsprechend des Rechtsgedankens von § 649 S. 2 BGB dasjenige anrechnen

lassen, was er sich infolge der Aufhebung des Vertrags an Aufwendungen erspart hat.[88] Da V seine Handyverträge nach der fristlosen Kündigung der O-AG nicht mehr nutzen kann, also nicht mehr telefonieren und surfen kann, lässt sich darauf schließen, dass sich die O-AG dadurch Aufwendungen erspart. In einem Fall wie hier sind die ersparten Aufwendungen gem. § 287 ZPO auf mindestens 50 % des Entgelts zu schätzen.[89] Der Schadensersatzanspruch der O-AG ist also entsprechend des Rechtsgedankens des § 649 S.2 BGB um 50 % zu kürzen, woraus sich ergibt, dass ein Schadensersatzanspruch i. H. v. 720 € besteht.

IV. Gerichts- und Anwaltskosten

Gem. § 1 I Nr. 1 GKG gilt für Verfahren vor den ordentlichen Gerichten nach der ZPO das GKG. Bei dem Zivilverfahren gegen V gilt mithin das GKG. Die Gebühren richten sich gem. § 3 I GKG nach dem Streitwert, soweit nichts anderes bestimmt ist. Der Streitwert im Fall des V liegt bei 1657,53 €. Gem. § 34 I 1 GKG beträgt die Gebühr bei einem Streitwert bis zu 500 € 35 €. Gem. § 34 I 2 GKG erhöht sich die Gebühr bei einem Streitwert von bis zu 2000 € für jeden angefangenen Betrag von weiteren 500 € um 18 €. Daraus ergibt sich im Streitfall eine Gerichtsgebühr von 89 €. Die Kosten werden nach § 3 II GKG nach dem Kostenverzeichnis der Anlage 1 des GKG erhoben. Im ersten Rechtszug wie vorliegend ergibt sich bei Verfahren vor dem Amts- oder Landgericht nach der Anlage 1 des GKG, dass die Gerichtskosten die dreifache Gerichtsgebühr betragen. Es ergeben sich Gerichtskosten i. H. v. 267 €.

Gem. § 91 I 1 ZPO hat die unterliegende Partei die Kosten des Rechtsstreits zu tragen und dem Gegner die durch den Rechtsstreit entstandenen Kosten zu erstatten, soweit diese zur Rechtsverteidigung oder Rechtsverfolgung notwendig waren. Aus § 91 II 1 ZPO folgt, dass die gesetzlichen Gebühren und Auslagen des Rechtsanwalts der obsiegenden Partei zu erstatten ist. Gem. § 2 I RVG richten sich die Gebühren nach dem Gegenstandswert, soweit gesetzlich nichts anderes bestimmt ist. Nach § 13 I 1 RVG beträgt die Gebühr bei einem Gegenstandswert bis zu 500 € 45 €. Aus § 13 I 2 RVG geht hervor, dass sich die Gebühren bis zu einem Streitwert von 2000 € für jeden angefangenen Betrag von weiteren 500 € um 35 € erhöhen. Aus einem Gegenstandswert im Streitfall von 1657,53 € ergeben sich daher Anwaltsgebühren i. H. v. 150 €. Die Höhe der Vergütung des Anwalts richtet sich gem. § 2 II 1 RVG nach dem Vergütungsverzeichnis der Anlage 1 zum RVG und beträgt hier 195 €. Sollte V im ersten Rechtszug verlieren, entstehen ihm aufgrund obiger Erwägungen Gesamtkosten i. H. v. 2358,53 €.

§ 23 Nr. 1 GVG bestimmt, dass für Streitigkeiten über Ansprüche, deren Geldeswert die Summe von 5000 € nicht übersteigt, das Amtsgericht zuständig ist. Da der Streitwert hier unter 5000 €

---

[88] *AG Berlin-Tempelhof-Kreuzberg* Urteil v. 05.09.2012 - 24 C 107/12.
[89] *AG Berlin-Tempelhof-Kreuzberg* Urteil v. 05.09.2012 - 24 C 107/12.

liegt, ist das Amtsgericht zuständig. Anwaltszwang herrscht gem. § 78 I 1 ZPO erst ab dem Landgericht. Deshalb kann V frei entscheiden, ob er sich anwaltlich vertreten lässt. Wenn er sich einen Anwalt nimmt, kommen zu den Gesamtkosten noch einmal 345 € hinzu. Die Berechnung erfolgt wie beim gegnerischen Anwalt, s. oben.

BEI GRIN MACHT SICH IHR WISSEN BEZAHLT

- Wir veröffentlichen Ihre Hausarbeit,
  Bachelor- und Masterarbeit

- Ihr eigenes eBook und Buch -
  weltweit in allen wichtigen Shops

- Verdienen Sie an jedem Verkauf

Jetzt bei www.GRIN.com hochladen und kostenlos publizieren